AF588851

VOYAGE

A

L'île de Vazivoir.

VOYAGE

À

L'Ile de Vazivoir,

Conte fantastique pour les Enfants.

DANS LE GENRE D'AUTREFOIS.

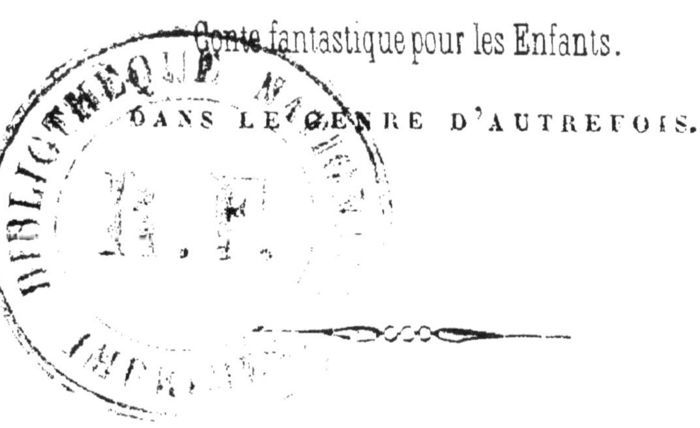

PARIS,
IMPRIMERIE DE GUIRAUDET ET JOUAUST,
315, RUE SAINT-HONORÉ.

1848.

Cet *innocent* opuscule, tiré à 50 exemplaires, est destiné exclusivement à ceux de mes amis qui possèdent ou sont en voie de posséder des enfants de 5 à 7 ans. Mon récit, reposant sur le merveilleux, pourra paraître un peu suranné. Mon unique but est d'amuser le jeune âge, et non de l'instruire. Il ne goûte que trop tôt ce breuvage, quelquefois si amer, si désenchanteur, qu'on nomme la réalité, le positif de la vie.

J'aurais cru faire injure aux souvenirs si pleins de charmes de ma première enfance si j'avais substitué au nom de la fée Carabosse un nom plus neuf, plus prétentieux. Il eût été mal à un ami de l'archéologie de méconnaître tous les droits que cette brave dame doit conserver dans nos souvenirs.

Parmi ceux de la génération présente, il en est peut-être qui n'ont jamais ri de bon cœur depuis le jour où le visage de la bonne fée a fait place à la physionomie sèche et sévère de leur premier maître d'école. A ceux-là, j'oserai donner un étrange conseil : je leur dirai : Lisez mon conte.

A. Bonnardot.

Juillet 1838.

VOYAGE A L'ILE DE VAZIVOIR.

I. — La mère Bouffard.

En l'an de grâce 1820, vivait à Dieppe une bonne femme, domiciliée dans une vieille tour ronde, sur la plage. L'intérieur de son logis demi-souterrain offrait aux regards quelques meubles grossiers et vermoulus et, vis-à-vis la porte d'entrée, une grande armoire vitrée garnie de coquillages, d'animaux empaillés, de cocos et de petits navires à l'usage des enfants. C'était là tout le fonds de son chétif commerce. La mère Bouffard était, comme on voit, bien pauvre, surtout depuis le décès de son mari brave et honnête pêcheur, qui avait disparu, dans un naufrage, à deux lieues de Dieppe, en vue du promontoire où s'élève le phare de Varengeville.

Comme il revenait de la pêche à la morue, dans sa grande barque à voiles, il se sentit si exténué de fatigue qu'il se laissa aller au sommeil. Cependant un vent impétueux s'éleva et poussa le petit bâtiment, qui voguait au hasard, contre des récifs, où il se brisa en mille pièces. Le même choc entr'ouvrit un coffre en forme de nacelle, percé de trous et amarré à la barque (c'est la boîte flottante où l'on met en réserve le poisson vivant). Dames morues s'échappèrent au plus vite, enchantées du sinistre événement. Quant au pêcheur, il fut englouti, et on n'en eut pas d'autres nouvelles.

Depuis ce jour fatal, la bonne femme demeura seule ; quand je dis seule, je me trompe : car son mari lui laissait la charge d'un petit garçon, — disons mieux, — d'un vaurien nommé *Jonas*. Cet enfant, au fond, avait le cœur aussi excellent que les jambes ; mais la tête était fort mauvaise, pour le malheur de la pauvre femme comme pour le sien. Paresseux, opiniâtre, désobéissant, il quittait sans cesse la tour pour aller jouer avec les gamins du port, au lieu d'aider sa mère à gagner un peu d'argent, en sorte qu'elle avait bien de la peine à vivoter.

Ce n'est pas que, par ci, par là, Jonas n'eût de bons moments, mais ces lueurs de sagesse et de docilité apparaissaient de loin en loin et duraient à peine un jour ou deux.

La veuve Bouffard, privée de toute assistance, tarda peu à tomber dans la misère. Le dîner devint de plus en plus maigre; il fallut dire adieu à la soupe au lard, puis aux friandes matelotes; et, chaque matin, l'infortunée, qui n'avait plus le moyen d'acheter de la toile neuve, commençait sa journée par coudre une nouvelle pièce à ses vieux habits. En vain elle essaya de faire comprendre à ce garnement quelles seraient les suites de sa paresse: pourvu qu'il eût les pieds dans l'eau et la tête au soleil, il se souciait fort peu de l'avenir.

II. — Le Crabe géant

Un jour, qu'en dépit de la défense de sa mère, il s'était amusé long-temps à barboter dans ces sables mouvants que le reflux de la mer laisse à découvert, il avisa un rocher assez étendu où les flots avaient déposé une multitude de crabes de toutes dimensions. Ces bêtes hideuses couraient de côté, selon leur habitude, sur la plage humide, s'entre-choquant avec bruit et mesurant sans relâche, en long et en large, le sol où le hasard les avait fait échouer. Jonas, habile à pourchasser cette sotte espèce, les saisissait avec beaucoup de précaution, surtout les plus gros, sachant bien que leurs serres coupent net les doigts de l'imprudent qui s'y laisse pincer.

Tandis qu'il perdait ainsi son temps, la mer, qui n'en perdait pas, avait si bien monté, que toute communication se trouva interceptée entre le rocher et la terre. Comme il comptait sur son habileté à nager, il se prit d'abord à rire de cet accident imprévu, et, se jetant à la mer tout habillé, voulut se diriger vers le rivage; mais le vent se mit de la partie et souffla avec tant de violence, que le pauvre Jonas, ballotté en tous sens, se débattit en vain contre les flots comme une malheureuse mouche qui s'efforce de sortir d'une carafe, où sa sottise l'a fait choir. Il dut bientôt renoncer à cette lutte inégale. Cependant les vagues, après l'avoir fait long-temps pirouetter, l'amenèrent près d'une sorte de roche isolée, à laquelle il se hâta de se cramponner; mais ce fut avec une peine infinie qu'il parvint à l'escalader et à s'y établir, car ce sol, d'une couleur jaune-verdâtre, était visqueux comme la peau d'une anguille.

Le drôle s'aperçut bientôt que cette île singulière flottait sur l'eau à la manière d'un bac. Bien qu'elle eût la dimension d'un salon très vaste, la ressemblance de sa forme avec celle d'un crabe était frappante. Jonas, loin de songer à se tirer de ce mauvais pas, bâillait de surprise, quand, tout à coup, il vit cette masse informe se mettre en mouvement et brandir deux énormes pattes qu'on eût prises pour les tenailles de Gargantua ; c'étaient les deux serres d'un véritable crabe, et non des plus menus, puisqu'on estime, d'après son volume, qu'il devait avoir au moins 33 mille ans, et qu'il avait dû gober déjà plus de 13 millions de merluches et de cabillauds (c'était un crabe géant de l'île de Vazivoir).

A ce brusque mouvement, le malheureux ne put tenir l'équilibre ; il eut beau *outiller* des pieds et des ongles, il se sentit bientôt couler sous le ventre du monstrueux crustacé, qui, sentant quelque chose s'engager sous ses pattes, happa le petit homme à la ceinture et l'ingurgita dans son horrible gueule, sans même songer à l'éplucher, je veux dire le dépouiller, avant tout, de ses souliers et de sa casquette.

III. — L'Intérieur du Crabe.

Jonas, avalé ainsi à l'improviste sans avoir été préalablement mâché, n'en mourut pas ; mais il fut entraîné dans une sorte de caverne des plus étranges : les parois en étaient souples et molles ; et comme le corps du crabe, en grand comme en petit, est demi-transparent, le petit drôle put y voir assez clair pour reconnaître son nouveau logis. Autour de lui se présentaient des objets d'une structure fort bizarre et colorés de toutes sortes de teintes : c'était l'appareil digestif, ou, si l'on aime mieux, l'estomac du monstre ; plus loin, il distinguait les intestins roulés comme de gros serpents boas, et, tout auprès, une sorte de soufflet ou de vessie qui se gonflait et se resserrait tour à tour en laissant échapper du vent et de l'eau avec une violence extrême : c'était la machine respiratoire de la bête.

Cette revue intérieure du crabe géant ne contribuait guère à le rassurer, car il prévoyait que, tôt ou tard, une force irrésistible le pousserait dans un de ces gros tuyaux qui serpentaient à ses pieds. Au reste, la position n'avait rien encore de désagréable : il avait chaud et se tenait assis sur une sorte de coussin assez élastique.

A l'étonnement et à la crainte succéda bientôt un vif appétit, car il avait dépassé de beaucoup l'heure de son dîner. Il n'en sentit que plus vivement combien son état était piteux. « Hélas ! — pensait-il, — je vais donc, tout à l'heure, par une juste représaille, servir de pâture à un crabe, moi, Jonas, qui tant de fois ai déjeuné aux dépens de ses pareils! »

Cette pensée le désespérait, et il se préparait, l'oreille basse, à se laisser digérer, quand, soudain, une voix mystérieuse se fit entendre : « *Prends cette fiole et lis.* »

Ayant levé les yeux, il remarqua une main qui lui présentait en effet une fiole, et il s'en saisit. Heureusement il avait appris à lire à l'école communale ; ce fut ce qui le sauva.

IV — La fée Carabosse se met de la partie.

Cette voix était celle de la fameuse fée Carabosse, nommée, par abréviation, ***Bobosse***. C'est la protectrice-née des petits garçons, espèce dont elle raffole.

Tout le monde a vu cette fée : les uns, sous la forme d'une petite vieille au menton crochu ; les autres, sous l'aspect d'une magnifique dame, toute éblouissante de perles et de rubis, suivant le costume qu'il lui plaît de revêtir le matin, quand elle se lève.

La fée Bobosse, allant un jour en Amérique,

eut le malheur de laisser tomber sa baguette dans la mer; avec elle, elle perdit toute sa puissance de fée; aussi, une tempête furieuse s'étant élevée, la pauvre vieille, incapable de renouveler pour elle-même ses prodiges ordinaires, tomba dans l'eau. — Flac!

Elle flottait comme un bouchon sur la surface de l'Océan, quand un brave pêcheur (c'était le père de Jonas), l'attirant par le bout du nez dans son cabotier, lui sauva la vie. L'ex-fée, reconnaissante, jura solennellement de le récompenser d'un si généreux service, si jamais elle pouvait remettre la main sur sa baguette. Mais, hélas! le père Bouffard mourut avant cette heureuse trouvaille, et elle ne put le délivrer à son tour.

Un matin que cette bonne fée déchue ramassait des crevettes au bord de la mer, pour en former son maigre déjeuner, elle aperçut, se débattant près d'elle, un gros turbot si appétissant, qu'elle se hâta de lui asséner sur la tête un coup de béquille.

Quel fut son étonnement quand elle vit le turbot dégorger et vomir un fragment de sa baguette de fée! Se saisir de ce précieux trésor fut l'affaire d'un moment. Elle recouvra aussitôt toute sa puissance, car le plus petit tronçon d'une telle baguette a (comme chacun sait) la même vertu que la baguette tout entière. Bien plus, dans les mains de la fée, elle reprit d'elle-même sa longueur primitive.

On pense bien que madame Bobosse, loin de s'amuser à accommoder son poisson à la sauce Robert, se hâta de se transporter dans son plus riche palais et d'y reprendre ces beaux habits de princesse qu'elle n'avait pu mettre depuis si long-temps. Puis elle pensa à ses petits favoris; son sauveur lui revint surtout à la mémoire, et elle envoya un de ses petits grooms à sa recherche.

Le groom, quoique ses yeux perçants pénétrassent à travers tous les corps, n'eut pas l'esprit de retrouver celui du malheureux Bouffard; mais, en revanche, il aperçut le petit Jonas, assis, tout penaud, sur l'un des rognons de l'horrible monstre. Il courut avertir la fée, qui s'empressa d'envoyer au secours du malheureux une fiole pleine d'émétique. C'était trop de bonté à madame Bobosse de songer à ce vagabond; mais la ***bonasserie*** de cette dame était telle, qu'elle est devenue proverbiale.

V. — Comment Jonas trouva l'issue de cette aventure

Tandis que Jonas déchiffrait l'étiquette, la main mystérieuse disparut. Cette étiquette était ainsi conçue : ***Médecine suivant l'ordonnance.*** Suivaient six autres lignes fort lisibles, qui expliquaient la manière de s'en servir. Jonas, après une lecture attentive, ôta le bouchon et versa la substance que contenait la fiole sur une partie charnue du monstre, laquelle, par sa couleur rosée, ressemblait assez à un large mou de veau.

A peine cette opération fut-elle achevée, qu'une sorte de sourde tempête s'éleva dans l'intérieur du crabe; puis l'enfant se sentit, non sans effroi, bondir et rebondir comme une balle élastique; carambolages, au reste, si peu périlleux, qu'il s'en fit bientôt une sorte d'amusement: il en eût même ri de bon cœur si le monstre, pour calmer cette irritation intérieure, n'eût absorbé de grandes gorgées d'une eau âcre et salée, avec tant de force, que le petit homme y nagea bientôt jusqu'aux épaules et pensa en perdre la respiration. Ajoutons que le crabe, excité par une vive douleur, chemina si vite qu'en moins de dix minutes, sans que Jonas s'en doutât, il avait parcouru près de deux mille cinq cents lieues marines. Tout à coup survint un nouveau tremblement, suivi d'un bruit étrange et d'une sorte de glou-glou terrible. En cet instant Jonas se sentit violemment refouler au milieu d'un tube fort étroit. La peur d'étouffer lui fit retenir son haleine. Enfin, après maintes manœuvres, tant en avant qu'à reculons dans ce long tuyau, dont le nom m'est aussi inconnu que l'usage, il fut lancé au dehors comme la bourre d'une canonnière, avec accompagnement d'un *prout-prout* des plus formidables.

VI — De l'île de Vazivoir, oubliée sur toutes les cartes géographiques.

L'éblouissement que lui causa l'apparition subite de la lumière une fois dissipé, Jonas se reconnut. Il était assis sur une sorte de mousse parsemée de jolies fleurs d'un beau jaune d'or, mais si larges, si gigantesques, que les plus petites surpassaient en dimension cette grande fleur jaune que nous nommons ***soleil*** à cause de sa ressemblance avec cet astre. Le crabe-géant avait, on le devine, regagné son pays natal, l'île de ***Vazivoir***.

A la vue d'objets si disproportionnés à sa taille, Jonas comprit qu'il venait d'aborder un pays bien éloigné de Dieppe, et il pleura, car il avait bon cœur et regrettait sa pauvre mère, qui avait, jusqu'ici, trouvé moyen, à force de travail, de le nourrir, lui qui ne voulait rien faire pour elle.

Le souvenir du logis maternel lui rappela aussi son appétit. Il n'avait pas encore dîné, et peut-être il faudrait s'en passer. « Hélas! — pensait-il en soupirant, — que ne donnerais-je pas aujourd'hui pour quelques bouchées de ce pain bis dont, hier encore, je faisais si peu de cas! de ce pain que ma bonne mère avait tant de peine à gagner! »

Heureusement pour lui, la fée, en souvenir du père, veillait sur les jours de l'enfant. Il aperçut bientôt une petite baie peu éloignée, où il rencontra plusieurs huîtres tout ouvertes et de telle taille, que d'une seule il put faire un repas complet. Ce mets, vu l'appétit qui le harcelait, lui parut délicieux.

Quand la nuit fut venue, Jonas songea que son lit ordinaire allait lui manquer. Mais, aussitôt, une main aérienne lui indiqua une sorte de feuille sèche, large et cotonneuse, et lui fit signe de la ramasser. Docile à ce conseil, il se hâta de recueillir, à force de travail, une douzaine de ces grandes feuilles plus douces que le velours, les superposa, et s'en fit un bon lit; puis il en roula une en forme de traversin; d'un morceau d'une autre il se fabriqua une sorte de chapeau pointu, qui pouvait fort bien remplacer un bonnet de coton ; enfin, les deux dernières qui lui restaient lui fournirent deux bonnes couvertures bien chaudes. Il ôta ses habits et se coucha.

Après avoir prié le bon Dieu, il remercia du fond du cœur la bonne fée, puis versa quelques larmes en songeant aux inquiétudes de sa pauvre mère, et finit par s'endormir.

Son sommeil ne fut troublé qu'une seule fois par l'approche d'une fourmi, grosse à peu près comme une calebasse à double ventre, et d'un poids capable de donner à une chétive poupée comme lui le plus lourd cauchemar.

Jonas demeura six semaines en cet état d'isolement, obligé, comme Robinson, de se suffire à lui-même. Telle était la volonté de la fée, qui voulut punir, ou plutôt corriger, sans cesser pourtant d'être bonne.

Comme Robinson encore, il n'osait s'éloigner du rivage dans l'espoir qu'il finirait par se faire apercevoir au loin de quelque navire qui le ramènerait à Dieppe. Du reste, il vivait fort bien au moyen de ses grosses huîtres. Il s'était, d'autre part, délivré de tout insecte, en mêlant aux feuilles qui formaient sa litière des feuilles d'une autre espèce et remarquables par leur forte odeur de tabac.

VII. — Étranges aventures.

Dans la matinée du quarante-sixième jour, Jonas était fort tranquillement couché sur sa litière, attendant le lever du soleil, quand tout à coup un fracas inusité retentit dans le voisinage. Il distinguait comme un bruit de sabots dont l'éclat ressemblait au roulement du tonnerre; il était facile de deviner que les pieds auxquels ils étaient attachés n'étaient pas des plus petits. En effet, il aperçut bientôt à ses côtés trois géants d'environ dix toises de hauteur, tous trois couverts d'habits de villageois.

L'un d'eux tenait un filet, l'autre un bâton, le troisième une serpette.

« Oh ! oh ! dit tout à coup, d'une voix de Stentor, le premier qui vit Jonas, notre chasse aux grenouilles se présente bien, je viens d'en voir grouiller une assez belle, ma foi, dans ces brins d'herbe. Ah ! ah ! tu crois être bien cachée, ma petite commère, mais je t'aperçois bien. Allons, Jeannot, joue de la serpette ! J'aime fort les cuisses de grenouille à la ravigote, et ma femme les accommode à merveille. Va ! va ! coupe-lui les cuisses et... laisse-lui le corps, à la pauvre bête, car il faut bien que tout le monde vive. »

Jeannot, par bonheur, était un pataud, un maladroit qui n'y voyait goutte. Il déchargea sur l'herbe un si terrible coup de serpette qu'il eût tranché en deux un éléphant des Grandes-Indes. Une quantité de tiges d'herbe, plus grosses que des manches à balai, jonchèrent aussitôt le terrain.

Jonas en fut quitte pour la peur ; il s'esquiva

au plus vite, tantôt se heurtant contre les fleurs des champs, tantôt plongeant à demi dans de petites mares d'eau limpide qui n'étaient autre chose que des gouttes de rosée déposées sur la mousse. Quant aux trois nigauds de géants, ils renoncèrent bientôt à s'occuper d'une si chétive créature. L'un d'eux, cependant, parut revenir sur ses pas, comme pour s'acharner à le poursuivre; c'était l'homme à la serpette tout confus d'avoir manqué son coup, car il se piquait d'une adresse peu commune.

En deux secondes il eut atteint Jonas, et il allait l'écraser sous son sabot quand, par un bonheur inouï, l'enfant se laissa choir dans un trou de taupe. Ce trou, qui, chez nous, eût passé pour un vaste puits, était creusé dans un terrain d'argile tendre, en sorte que Jonas ne se fit aucun mal; après un certain nombre de culbutes et de rebonds, il finit par faire un flac retentissant au fond du précipice. Il eut encore un autre bonheur, celui de ne pas rencontrer l'énorme taupe, qui, effrayée sans doute de la venue subite de cet hôte inattendu, s'était hâtée de se frayer un autre chemin.

Le drôle, comme on voit, était à l'abri de tout danger, mais la position n'en était pas moins fâcheuse ; un petit ramoneur même eût à peine su se tirer d'un pareil abyme. Les parois du puits étaient glissantes comme du savon, et, pour comble d'embarras, la terre refoulée par le pied du géant à l'orifice du trou formait une sorte de couvercle qui rendait l'obscurité complète.

VIII. — Le nain Barbacanne.

A force de songer à sa nouvelle position, Jonas finit par s'en inquiéter si fort, qu'il eût, je crois, préféré l'intérieur du crabe à ce trou obscur.

Tout à coup, une petite lumière lointaine lui apparut ; cette lumière marchait et grossissait à vue d'œil. Quand elle fut près de lui, il put distinguer un petit personnage, fort étrange, qui portait à la main un rat-de-cave. Ce nain mystérieux se composait d'une grosse tête barbichonnée, plantée sur une bedaine étayée de deux jambettes fort mignonnes. Ce morceau d'homme, sorte de marmite ambulante, pouvait avoir en somme la hauteur d'un épagneul qui fait le beau. Comme le prisonnier parut effrayé de son apparition, le nain Barbacanne se hâta de le rassurer en disant : « C'est de la part de madame Carabosse, suivez-moi pas à pas. »

Jonas alors s'accrocha à la jaquette du petit homme, qui cheminait à travers une cave fort étroite. Ce qu'il y avait d'extraordinaire, c'est que cette cave, qui n'existait pas en réalité, se formait dans la terre au fur et à mesure que le nain avançait, et se refermait aussitôt derrière l'enfant.

Après une marche de deux heures dans ce souterrain merveilleux, il se sentit si épuisé (car il n'avait pas encore déjeuné) qu'il parut prêt à défaillir, et le nain n'était certes pas de taille à le porter. « Hélas, dit-il, arrêtez ! ou je vais, je crois, mourir de fatigue et de faim. »

« De faim ? dit le pygmée, que ne parliez-vous plus tôt? Le sein de la terre, vu sa chaleur en ces pays-ci, renferme une foule de mets tout préparés. Voudriez-vous, par exemple, des pommes de terre cuites à point? regardez-moi faire. » Et Barbacanne frappa du pied sur le sol.

A l'instant Jonas vit jaillir et rebondir comme des grêlons des milliers de pommes de terre toutes cuites en effet, et délicieuses, comme il put s'en convaincre en y goûtant. Il en ressentit une telle joie, que, dans le transport de sa reconnaissance, il se pencha vers son petit cicérone pour l'embrasser ; mais, ô malheur ! la taille du nain était si disproportionnée à la sienne, que le pied leur glissa à tous deux au milieu de cette fatale étreinte ; ajoutons que le nez de l'étourdi alla couvrir, à la façon d'un éteignoir, la flamme du rat-de-cave, qui cessa de les éclairer.

Alors Barbacanne se mit à pousser un petit gémissement si aigu, qu'on eût dit d'un cochonnet d'Inde qui appelle sa mère. « Qu'avez-vous fait ! balbutia-t-il, en sanglotant. Quand ma lu-

mière s'éteint, la terre ne s'ouvre plus sur mon passage ; nous allons être ici enterrés vifs ! »
Puis il renouvela son petit grognement.

Jonas ne tarda pas à l'imiter, mais sur une gamme beaucoup plus grave. C'était un singulier concert.

« Comment, nigauds ! dit une voix, vous n'avez donc aucune confiance en moi ? »

A l'instant même le rat-de-cave se ralluma.

IX. — Madame Carabosse en personne.

On devine que cette voix était celle de la fée, qui aimait trop ces deux petits êtres pour les laisser ainsi périr. Comme ils allaient continuer leur marche souterraine, la protectrice apparut elle-même, sous la forme d'une petite bonne femme toute rondelette, coiffée d'un bonnet à la folle, et affublée d'une jupe lilas qui lui servait, sans se salir, depuis prés de 2,700 ans. Son nez, en bec de perroquet, surmontait délicieusement un menton de galoche inimitable; c'est sous cette forme que la fée aime le plus souvent à se faire voir aux petits enfants, qui ont, en général, bien de la peine à s'empêcher de rire, à sa première apparition.

Madame Carabosse s'étant mise à agiter sa baguette couleur de feu et assez semblable à un beau mirliton, au même instant ils se trouvèrent transportés tous trois dans une vaste galerie bien éclairée. Là, le nain fut congédié, après toutefois que son camarade l'eut embrassé, car il y tenait.

Cette touchante cérémonie achevée, la fée dit à l'enfant, d'une voix tremblotante et en branlant de la tête : « Mon petit ami, donnez-moi le bras, je vous prie, et soutenez-moi, car j'ai oublié mes béquilles, et je suis si âgée que je ne puis marcher seule. »

Jonas, loin d'éclater, comme eût fait un enfant incivil, accepta cet office de la meilleure grâce du monde, malgré le grand appétit qu'il ressentait encore, car on se souvient qu'il n'avait pu terminer son repas.

Cette obligeance toucha vivement la fée. Dès ce moment le bonheur de son pupille fut assuré.

Toutes les fois que les enfants soumis à cette épreuve refusaient d'obliger madame Carabosse, celle-ci, qui ne pouvait souffrir les mauvais cœurs, les abandonnait sans pitié à leur malheureux sort.

En récompense de sa sage réserve, Jonas vit aussitôt s'ouvrir la porte d'une salle magnifique, où était préparé un dîner de la plus friande apparence. Sa protectrice ayant pris un siége, il se hâta de l'imiter, et tous deux préludèrent à un repas des plus confortables. Notons qu'il n'oublia pas une seule fois de verser à boire, et toujours à propos, à son aimable compagne. Il poussa la prévenance jusqu'à lui tailler des mouillettes, quand il la vit mettre sur son assiette des œufs à la coque.

Il ne s'oublia pas non plus lui-même, et goûta de tous les plats, hors d'une certaine salade de crabes à la rémoulade, car il avait conçu, depuis son événement, une véritable antipathie contre ces sortes de créatures.

Le repas achevé, la fée, devenue plus ingambe, le prit à son tour par la main et lui fit descendre un escalier de 812 degrés. La dernière marche était baignée par une eau transparente. C'était un canal souterrain qui se prolongeait à perte de vue, ainsi que deux rangées de lanternes destinées à éclairer cette galerie surnaturelle.

« Voyagez sans crainte, mon ami, dit la fée; montez dans ce paquebot qui s'avance, il vous conduira au bout de la galerie; et, de là, un chemin de fer, qui lui fait suite, vous déposera dans un village voisin de Dieppe. Adieu! au revoir, ayez confiance! »

L'enfant embrassa la fée, les larmes aux yeux, et, si ce n'eût été l'espoir de retrouver sa mère, je crois qu'il n'eût jamais consenti à la quitter.

Alors un petit bateau à vapeur tout sémillant s'approcha : Jonas s'y établit. La cheminée se mit à fumer, comme une pipe de géant, et le bateau s'élança avec la rapidité d'une flèche. Jonas n'eut le temps de rien distinguer, sinon un diablotin vert qui manœuvrait le gouvernail.

C'était un tournoiement, un étourdissement, un brouhaha tels, qu'il n'y vit absolument que du feu et beaucoup de fumée.

Tout à coup, le bateau s'arrêta dans un endroit où l'on entendait souffler bruyamment une voiture à vapeur, nommée *locomotive.* Sur le devant de cette machine à six roues, était établi un petit siége de velours cramoisi. Jonas s'y installa avec confiance ; aussitôt, sans qu'il vît personne s'en mêler, la locomotive partit avec la violence d'un boulet. Les lanternes qui éclairaient le souterrain de distance en distance fuyaient si vite, qu'on eût dit un cordon de feu tracé sur un mur. Enfin il aperçut bien loin, bien loin, une petite ouverture qui laissait entrevoir des arbres et un beau ciel rose. C'était l'extrémité du souterrain. La locomotive l'atteignit en trois secondes, et s'arrêta. Jonas descendit sans trouver qui remercier, passa sous une ouverture de brique et revit le soleil, dont la lumière écarlate indiquait l'approche de sa disparition.

X — Retour à Dieppe. Prodiges sur prodiges.

Quelle fut sa joie quand il se reconnut au milieu des ruines du vieux château d'Arques, distant de deux petites lieues de sa ville natale!... Il se mit à courir si vite, qu'en moins d'une heure il se retrouva devant l'ancienne tour où était établie la boutique de sa tendre mère. Il y avait bientôt sept semaines qu'il ne l'avait embrassée!

La porte était fermée et il faisait presque nuit.

Une bonne femme du voisinage, l'ayant aperçu, jeta un cri de surprise : — « Pauvre enfant, te voilà revenu! Et ta chère maman qui est morte! elle n'a pu se consoler de t'avoir perdu.

et, le huitième jour, ne recevant de toi aucune nouvelle, elle s'est laissée mourir de chagrin ! »

Jonas fondit en larmes ainsi que la voisine.

— « Vous êtes bien sûre, Madame, que maman n'existe plus? — Hélas! oui, mon petit ami; on l'a portée en terre, et quand le juge de paix a su qu'il n'y avait plus personne dans la tour, il est venu avec deux hommes; on a mis dehors le lit, les chaises, les petits navires et les coquillages, et on a vendu le tout sur la place. Maintenant, on ne voit plus là-dedans que des murs tout noirs et des chauves-souris qui se blottissent le soir dans les crevasses. »

Comme l'enfant n'avait pas l'air d'ajouter foi à ces paroles, la voisine le prit par la main, et, pour le convaincre, poussa le loquet de la porte.

Quelle fut leur surprise à tous deux, quand, à la place d'une vilaine caverne, ils trouvèrent un salon splendide, orné de fauteuils en velours et de six lustres allumés? Au milieu du salon, se tenait, sur un sopha de satin, une belle dame magnifiquement habillée, qui, se levant, alla recevoir avec grâce les deux visiteurs stupéfaits.

« Mes bonnes gens, avancez! Je suis fée..... Eh bien! Jonas, ne reconnais-tu pas celle avec qui tu déjeunas en tête à tête ce matin? »

Jonas, en effet, ne pouvait la reconnaître. A la petite tête de chien barbet qu'avait tantôt la fée, avait succédé un joli visage couleur de rose. Elle était grande et bien faite : des bagues de diamants étincelaient à tous ses doigts; on ne reconnaissait d'elle que sa voix douce et sa petite baguette en forme de mirliton. Jonas lui prit la main et y déposa un baiser.

« Eh bien! mon enfant, reprit-elle (car elle voulait encore l'éprouver), tu vois que tu ne perds pas au change : si tu n'as plus de mère, tu as une chambre de prince. Je remplacerai ta maman, moi. Je suis riche et te donnerai tout ce que tu souhaiteras. »

« Hélas! Madame, répondit Jonas en sanglotant, j'ai pour vous de l'amitié, du respect, de la reconnaissance, mais je préférerais encore vivre pauvre, dans la vieille tour, avec ma bonne mère que j'aimais tant ! »

La fée l'embrassa : « Allons, petit. tu es digne de tout l'intérêt que je te porte. Tu es si bon fils, que j'oublie tous tes défauts et veux faire de toi un personnage ; mais, avant tout, il faut que je te rende ta mère. »

Ici la fée se tourna vers la voisine : « Tenez, ma bonne, prenez cette lanterne, car il fait nuit, et conduisez cet enfant au cimetière qui est là-bas, au fond de la vallée. Arrivé là, il distinguera une petite croix noire, où il lira, en lettres blanches, le nom de sa mère. Je ferai le reste. »

Jonas et la voisine s'acheminèrent aussitôt vers le cimetière, qui était assez éloigné de la ville. Ils cherchèrent long-temps, à la lueur de la lanterne, le nom de ***Marie Bouffard.*** Enfin, Jonas le premier aperçut ce nom chéri.

« — Ma bonne mère ! s'écria-t-il, je vais donc e revoir ! »

Il allait s'agenouiller, quand un prodige inouï le fit reculer de crainte. Pour la voisine, elle tomba la face contre terre, lorsqu'elle vit la croix s'allonger peu à peu comme si la morte qui était dessous la poussait elle-même. Puis, quand elle eut atteint la hauteur d'une personne naturelle, son sommet prit la forme d'une figure humaine qui ressemblait, à s'y méprendre, à celle de la défunte ; puis les deux croisillons se métamorphosèrent en deux bras qui enlacèrent le cou de l'enfant, dont la frayeur se dissipa presque aussitôt. La voisine, s'étant enhardie au point de regarder à travers ses doigts, reconnut avec surprise qu'il n'y avait plus de croix, mais simplement la dame Bouffard tout habillée, qui embrassait avec effusion l'enfant qu'elle avait cru perdu.

Jonas ramena à la ville sa mère, à qui, chemin faisant, il conta, au clair de la lune, toutes ses aventures. Il lui parla surtout de la fée, sa protectrice : la bonne femme en pleurait de tendresse.

Quand ils se présentèrent devant la vieille tour, ils en trouvèrent la porte ouverte, mais plus de salon doré! En sa place, le pauvre mobilier était revenu. Madame Bouffard reconnut ses cocos, ses morues sèches, et jusqu'à sa poêle à frire. Jonas, d'abord surpris de ce changement de décoration, oublia bientôt tous ces prodiges, pour ne plus penser qu'à consoler sa mère.

Au bout d'une heure d'embrassements, la maman, qui sentait l'appétit revenir, alla chercher dans sa huche un morceau de lard qu'elle partagea avec Jonas. En cet instant, l'enfant, se rappelant son déjeûner de prince : « Sais-tu, maman, dit-il, que j'aime mieux manger avec toi un simple morceau de pain bis que de goûter des plats les plus exquis, quand tu n'es pas à mes côtés ? »

Quel changement l'adversité avait amené dans le caractère de son fils!

XI. — Récompense de l'amour filial.

A ces mots, qui révélaient un si bon cœur, la fée reparut, et, d'un coup de baguette, ramena le beau salon, avec ses lustres et ses meubles de velours. Elle y ajouta une table à trois couverts, sur laquelle brillaient mille sortes de fruits, dans des corbeilles d'or. Puis elle toucha la pauvre femme, qui devint aussitôt jeune, belle et parée comme une archiduchesse. Au même instant, Jonas sentit une main invisible qui lui enlevait ses vilains habits ; et, loin de se trouver nu comme il en avait peur, il se vit tout vêtu de brocart d'or et d'argent, de la tête aux pieds. Le bonnet de coton bleu qu'il portait s'était changé en un superbe chapeau à plumes. Jonas était devenu un petit prince.

Inutile de décrire le festin qui suivit ces brillantes métamorphoses. Nous n'avons déjà que trop parlé de *repas*.

Toute la ville de Dieppe, avertie par la voisine, avait traité cette femme de vieille folle. Cependant, quelques personnes moins incrédules, s'avisèrent de regarder à travers le trou de la serrure. Qu'on juge de leur étonnement à l'aspect de ce petit palais et à la vue de ce jeune prince entre deux princesses ! Bientôt la porte s'ouvrit, et tous trois parurent sur le seuil, dans leurs magnifiques costumes.—« C'est ainsi, dit la fée à tous ceux qui étaient présents, que je récompense les honnêtes gens et les bons fils ! »

La mère Bouffard, ou plutôt la princesse Bouffard, qui n'avait aucune fierté, dit adieu à tous ses voisins, leur promettant bien de revenir au plus tôt parmi eux pour les faire participer à sa bonne fortune. Puis, tout le monde s'en alla coucher, et la fée disparut.

Le lendemain, la mère et le fils se réveillèrent au petit jour, chacun de son côté, dans des lits d'une grande magnificence. — « Hélas ! dit la princesse d'hier soir, en ouvrant les yeux, si mon pauvre mari était encore de ce monde ! » — Et ce fut en soupirant qu'elle reprit sa belle robe de satin.

Cependant la fée était dans un coin de la chambre ; elle agita sa baguette, et soudain la porte, s'ouvrant, laissa voir au dehors un brillant carrosse armorié, attelé de quatre chevaux fringants.

« Montez dans cet équipage, dit-elle, il nous conduira à Varengeville. » Ils obéirent. A l'instant les chevaux partirent comme le bouchon d'une bouteille d'eau de Seltz.

Ils se trouvèrent bientôt au bas de la falaise de Varengeville, au moment même où le soleil se levait. La princesse Bouffard, à l'aspect de cet endroit sinistre où le pauvre pêcheur son mari avait trouvé la mort, se prit à sangloter dans son beau mouchoir tout brodé.

« Ayez donc plus de confiance, dit la fée ; oubliez-vous que, si je vous amène ici, c'est pour vous combler de nouveaux bienfaits ? »

— « Hélas ! dit à son tour l'enfant, il en est un que j'implore par dessus tout : rendez-moi mon père, dussé-je redevenir aussi pauvre qu'il l'était de son vivant ! »

— « Allons, reprit la fée, console-toi ! Tu aperçois là-haut, sur la falaise, ce beau château tout neuf, bâti à droite du phare ? eh bien ! je te le donne. Au dehors, il surpasse le palais des Tuileries, au dedans celui du prince d'Orange à Bruxelles. Tu vois cette rangée de beaux soldats, magnifiquement vêtus et montés sur des coursiers tout caparaçonnés d'or et d'argent ; tu distingues, plus loin, cette longue suite de petits grooms de toutes couleurs, et rangés comme les grains d'un chapelet ? eh bien ! tout cela est à toi. Adieu ! je me retire, vivez heureux ! »

— « Vivre heureux ! s'écria vivement Jonas, en se jetant aux pieds de la bonne fée ; ramenez-nous plutôt le pauvre pêcheur de morue qui se nomme Mathieu Bouffard, et reprenez ces riches présents ; sans lui, nous ne serions jamais heureux ! »

— « Eh bien ! âme excellente, dit la fée, sois pleinement satisfaite ! Que Mathieu Bouffard le pêcheur reparaisse !.. »

XII. — Conclusion.

En cet instant, une sorte d'orage éclata sur Varengeville. La mer parut furibonde. Bientôt on vit, au loin, apparaître un cachalot formidable, jetant de grandes colonnes d'eau par les narines, comme les dragons de pierre du parc de Versailles. Arrivé près du rivage, il se mit à rugir d'une manière si stridente, que la présence d'une fée put à peine rassurer les assistants. Tout à coup les mâchoires du monstre, s'entr'ouvrant, laissèrent tomber sur le sable le corps de l'infortuné Mathieu encore revêtu de ses derniers habits de pêcheur.

Aussitôt le brave homme, se frottant les yeux, se leva sur son séant d'un air ébahi. La fée saisit sa main calleuse et le releva : — « Je vous rends à votre honnête famille, dit-elle ; embrassez votre femme et votre enfant que voici, et soyez prince de Varengeville ! C'est la fée Carabosse qui vous donne ce titre, parce qu'un jour vous lui avez sauvé la vie ! Adieu, mes bons amis : portez-vous bien tous. » — A ces mots, elle disparut pour ne plus revenir.

Inutile d'ajouter que le pêcheur se trouva, à l'heure même, comme le reste de sa famille, vêtu des plus riches habits et pourvu de mains blanches, délicates, ornées de bagues étincelantes.

Ils s'embrassèrent avec effusion et commencèrent à s'entre-conter leurs événements peu ordinaires. Trois mules, s'étant présentées d'elles-mêmes, les portèrent au sommet de la falaise et les déposèrent sous le vestibule le plus splendide qu'on puisse imaginer.....

Je n'ajouterai plus qu'un mot. Si le hasard

vous amène un jour de ce côté de la France, vous pouvez faire une visite, ***de ma part***, au petit prince Bouffard de Varengeville; il vous accueillera, sur ma parole, avec toute la bonté possible. Et si vous ne croyez pas à son histoire, il vous la contera lui-même à la fin d'un BON DINER, auquel il aura la courtoisie de vous inviter.

MORALITÉ.

(Ce morceau de *poésie* se chante sur l'air des contes de Perrault.)

Ce récit, mes enfants, vous apprend, avant tout,
Que l'insoumission porte sa juste peine,
Et qu'il est bon d'avoir de vrais amis partout,
Voire au milieu d'une baleine ;
Il prouve aussi que l'opulence
Est une bien pauvre pitance,
Si l'on n'a plus un seul parent
Pour en partager l'agrément.

TABLE

DES DOUZE CHAPITRES.

Pages.

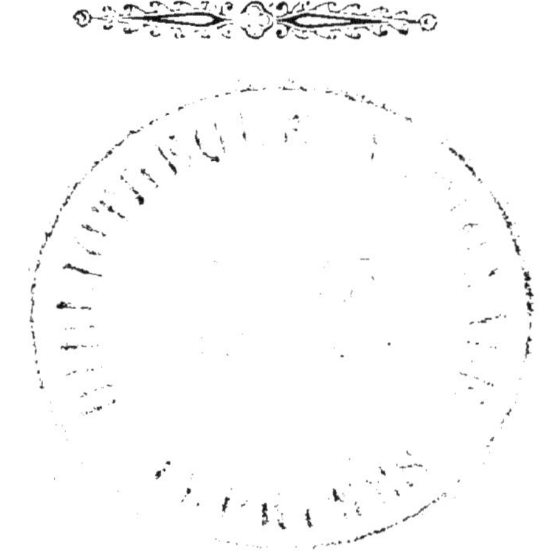

www.ingramcontent.com/pod-product-compliance
Ingram Content Group UK Ltd.
Pitfield, Milton Keynes, MK11 3LW, UK
UKHW021647260726
13994UKWH00003B/1316

9 782329 451565